RAÍZES HEBRAICAS DA FÉ CRISTÃ

Contexto Original das Escrituras Sagradas

Natanael Amaro

Dedicatória

Esse livro é dedicado à todos os Restauradores das Veredas Antigas, que fazem um Retorno Escritural ao Deus Bendito de Israel através do Messias Yeshua.

Isaías 58.12

ובנו ממך חרבות עולם מוסדי דור ‑ודור תקומם וקרא לך גדר פרץ משבב נתיבות לשבת:

E aqueles que restarem dentre ti, edificação os lugares
arruinados, e tu restaurarás os
fundamentos de muitas gerações, e tu serás
chamado *Gadar Peretz* (reparador de brechas),
o restaurador das veredas, para que nós
possamos viver.

Prefácio

Após séculos de influência ocidental nos moldes eclesiásticos, a igreja tem se perdido cada vez mais pelo ensino errado, principalmente por causa da interpretação leviana das cartas de Paulo. Muitos líderes deixaram de mergulhar no *contexto original* em que foi escrito a base prática de regra e fé deixada para guiar toda a humanidade e se envolveram com meras filosofias e sofismas de pessoas que sempre lutaram para descaracterizar as Escrituras, tirando-as das suas Raízes Hebraicas.

Desvios teológicos milenares fizeram a igreja contemporânea criar uma certa repulsa a conceitos e ensinamentos baseados na fé hebraica. Isso é um equívoco, pois temos em nossas mãos a Bíblia, composta por livros puramente judaicos, cheios de ensinamentos de judeus, profecias dadas a judeus, um Messias judeu, discípulos judeus. Esses judeus eram extremamente zelosos da Lei e combatiam rigorosamente ensinos contrários àqueles dados pelo próprio Eterno.

Deixar de lado preconceitos milenares contra conceitos Hebraico das Escrituras será de extrema importância para você caro leitor, mergulhar na Palavra do Eterno de forma límpida e honesta.

Nesse livro quero compartilhar as **Raízes Hebraicas da Fé Cristã**, para que sua visão seja ampliada para cumprir sua missão no Reino de Deus.

Copyright © 2020 Natanael Amaro

Todos os direitos reservados.

ISBN: 9798699888184

SUMÁRIO

Capitulo 1
A VISÃO PANORÂMICA DAS ESCRITURAS

A Bíblia, "BIBLION" em grego, que quer dizer Livro, ou "BIBLOS", Livros, como o nome mesmo já diz, é um conjunto de Livros. Ela foi dividida em **TANACH** (conhecido Antigo Testamento) e **BRIT CHADASHA** (conhecido Novo Testamento).

<u>O TANACH</u>
PRIMEIRA ALIANÇA

Este é um conjunto de 24 livros da seguinte forma:

TORÁH = (Ensino, instrução), refere-se aos 5 primeiros livros de Moisés.

NEVIIM = Profetas

KETUVIM = Escritos

Veja abaixo como foi está divisão:

Toráh - תורה
Instrução (Os 5 de Moisés)

- Gênesis
- Êxodo
- Levíticos
- Números
- Deuteronômio

- **Neviim –** נביאים

Profetas (8)

SENDO: 4 ANTERIORES e 4
POSTERIORES

- **ANTERIORES (4)**

  - Josué
  - Juízes
  - 1 Samuel e 2 Samuel
  - 1 Reis e 2 Reis

(Note que os Livros de 1 Samuel e 2 Samuel são contados como um livro apenas, assim também com os Livros de 1 Reis e 2 Reis).

POSTERIORES (4)

  - Isaías
  - Jeremias
  - Ezequiel
  - Os 12 profetas – Oséias, Naum, Joel, Habacuque, Amós, Sofonias, Obadias, Ageu, Jonas, Miquéias, Zacarias e Malaquias

(Note que em um rolo são incluídos os 12 livros dos profetas menores).

Ketuvim – כתובים
Escritos (11)

- Libros da Verdade – Poéticos (Salmos, Provérbios, Jó)
- Profético (Daniel)
- O resto dos Escritos (Esdras – Neemias) (1 Cronicas e 2 Crónicas)

BRIT CHADASHA
ALIANÇA RENOVADA

É muito comum serem usadas as expressões "NOVO TESTAMENTO" e "NOVA ALIANÇA" para se referir ao conjunto de livros que tem início em Mateus e finaliza em Apocalipse, porém, estas expressões são erroneamente usadas.

A Palavra Brit Chadasha (ברית חדשה - conferir no texto original em negrito), significa ALIANÇA RENOVADA ou até mesmo pode se dizer RENOVAÇÃO DA ALIANÇA.

BRIT
ברית
Aliança

CHADASHA
חדשה
Renovação

TEXTO ORIGINAL

Jeremias 31.31-33

הנה ימים באים נאם-יהוה וכרתי את-בית ישראל ואת-בית יהודה <u>ברית הדשה.</u>

לא כברית אשר כרתי את-אבותם ביום החזיקי בידם להוציאם מארץ מצרים אשר-המה הפרו את-בריתי ואנכי בעלתי בם נאם-יהוה:

כי זאת הברית אשר אכרת את-בית ישראל אחרי הימים ההם נאם-יהוה נתתי את-תורתי בקרבם ועל-לבם אכתבנה והייתי להם לאלהים והמה יהיו-לי לעם:

TEXTO PORTUGUÊS

"**31.** Eis que vem dias, diz o Senhor, em que <u>renovarei a minha aliança</u> com a <u>casa de Israel</u> e <u>com a casa de Judá.</u>

32. Não conforme a aliança que fiz com seus pais, no dia em que os tomei pela mão para os tirar da terra do Egito; porquanto eles invalidaram o meu concerto, apesar de eu os haver desposado, diz o Senhor.

33. Mas esta é a aliança que farei <u>com a casa de Israel</u>, depois daqueles dias, diz o Senhor: Porei a <u>minha lei</u> no seu interior, e a escreverei no seu coração; e eu serei o seu Deus e eles serão o meu povo."

Observe alguns pontos importantes do texto:

1) A Renovação da Aliança seria feita com a Casa de Israel e Judá (naquele tempo Israel estava assim dividido), muitos usam este texto como "Nova Aliança" se referindo a Cristo e a Igreja, porém, está renovação é feita entre o Eterno e seu povo Israel, como acabamos de ler.

2) Esta Aliança colocaria no coração do povo, as LEIS do seu Deus. Hoje afirma-se que vivemos em um tempo de GRAÇA onde as leis do Eterno foram abolidas, mas como podemos ver, as LEIS seriam colocadas em um lugar mais seguro, em nosso interior, outrora, postas em pedras, hoje em nossos corações.

Mateus 26.28

Pois isto é o meu sangue, o sangue do pacto, o qual é derramado por muitos para remissão dos pecados.

כי זה הוא דמי דם הברית החדשה הנשפך בעד רבים לסליחת חטאים .

O que na verdade o Messias Yeshua estava fazendo não era um novo pacto com a "Igreja", mas sim, renovando a aliança que o Eterno havia feito com o seu povo Israel. Yeshua confirmou as palavras do Pai ao dizer: "Eu não fui enviado senão às ovelhas perdidas da casa de Israel."
Mateus 15.24

Os Gentios são enxertados em Israel através de Yeshua:

Romanos 11:1 Pergunto, pois: terá Deus, porventura, rejeitado o seu povo? De modo nenhum! 2 Deus não rejeitou o seu povo, a quem de antemão conheceu. 11 Pergunto, pois: porventura, tropeçaram para que caíssem? De modo nenhum! Mas, pela sua transgressão, veio a salvação aos gentios, para pô-los em ciúmes. 12 Ora, se a transgressão deles redundou em riqueza para o mundo, e o seu abatimento, em riqueza para os gentios, quanto mais a sua plenitude! 13 Dirijo-me a vós outros, que sois gentios! 17 Se, porém, alguns dos ramos foram quebrados, e tu, sendo oliveira brava, foste enxertado em meio deles e te tornaste participante da raiz e da seiva da oliveira, 18 não te glories contra os ramos; porém, se te gloriares, sabe que não és tu que sustentas a raiz, mas a raiz, a ti. 19 Dirás, pois: Alguns ramos foram quebrados, para que eu fosse enxertado. 20 Bem! Pela sua incredulidade, foram quebrados; tu, porém, mediante a fé, estás firme. Não te ensoberbeças, mas teme. 21 Porque, se Deus não poupou os ramos naturais, também não te poupará. 22 Considerai, pois, a bondade e a severidade de Deus: para com os que caíram, severidade; mas, para contigo, a bondade de Deus, se nela permaneceres; doutra sorte, também tu serás cortado. 23 Eles também, se não permanecerem na incredulidade, serão enxertados; pois Deus é poderoso para os enxertar de novo. 24 Pois, se foste cortado da que, por natureza, era oliveira brava e, contra a natureza, enxertado em boa oliveira, quanto mais não serão enxertados na sua própria oliveira aqueles que são ramos naturais! 25 Porque não quero, irmãos, que ignoreis este mistério (para que não sejais presumidos em vós mesmos): que veio endurecimento em parte a Israel, até que haja entrado a plenitude dos gentios. 26 E, assim, todo o Israel será salvo, como está escrito: Virá de Sião o Libertador e ele apartará de Jacó as impiedades.

Os Gentios se tornou um só povo com a Nação de Israel através do sangue de Yeshua :

Efésios 2: 11 Portanto, lembrai-vos de que, outrora, vós, gentios na carne, chamados incircuncisão por aqueles que se intitulam circuncisos, na carne, por mãos humanas, 12 naquele tempo, estáveis sem Cristo, separados da comunidade de Israel e estranhos às alianças da promessa, não tendo esperança e sem Deus no mundo. 13 Mas, agora, em Cristo Jesus, vós, que antes estáveis longe, fostes aproximados pelo sangue de Cristo. 14 Porque ele é a nossa paz, o qual de ambos fez um; e, tendo derribado a parede da separação que estava no meio, a inimizade 16 e reconciliasse ambos em um só corpo com Deus, por intermédio da cruz, destruindo por ela a inimizade. 17 E, vindo, evangelizou paz a vós outros que estáveis longe e paz também aos que estavam perto; 18 porque, por ele, ambos temos acesso ao Pai em um Espírito. 19 Assim, já não sois estrangeiros e peregrinos, mas concidadãos dos santos, e sois da família de Deus.

A promessa que o Eterno fez a Abraão em que os seus descendentes seriam numerosos como a areia da praia e semelhante as estrelas do céu se cumpriu cabalmente através do Messias Yeshua.

Capitulo 2
RESGATANDO O MANDAMENTO PERDIDO

O Quarto Mandamento foi instituído para comemorar o poder criador de Deus. É um oásis para a alma do homem encontrar repouso e refúgio mediante a comunhão com o Criador. A relação da criatura com o Criador é a verdadeira base de todo culto. Visto como essa relação jamais se poderá mudar, através de toda eternidade toda criação adorará a Deus no Seu santo dia de Shabbat.

A história nos relata que o primeiro dia da semana era guardado pelos romanos como o dia do sol. Eles adoravam o sol nesse dia. Na primeira parte do século IV da nossa era, mais exatamente ao 7 de Março de 321, o imperador Constantino promulgou um decreto fazendo do primeiro dia da semana, o domingo, uma festividade pública em todo o Império Romano. Esse foi um grande passo para a instituição de um dia de guarda em substituição do dia que Deus estabeleceu, o sábado.

O ponto culminante do decreto de Constantino era que os juízes e o povo da cidade, bem como os comerciantes repousem no venerável dia do sol. Assim começou a cumprir-se à profecia de Daniel sobre o poder que mudaria a lei de Deus. "...cuidará em mudar os tempos e a lei." Daniel 7.25. Uma brecha foi aberta na lei divina.

A guarda do domingo não veio das Escrituras. A instituição do domingo como dia de guarda baseia-se na autoridade do homem. Devemos lembrar das palavras de Yeshua: " Em vão me adoram; as doutrinas que ensinam não passam de ordenanças humanas. E assim abandonais o mandamento de Deus, apegando-vos às tradições dos homens." Marcos 7.7-8.

"Deus escreveu sobre as tábuas as palavras da aliança, os _Dez Mandamentos_." (Êxodo 34.28b)

Apesar de ser conhecido tradicionalmente no mundo ocidental como "Dez Mandamentos", o original traz as palavras "ASÊRET HA DEVARIM" que significa simplesmente "AS DEZ PALAVRAS".

A palavra ASÊRET (que significa DEZ) pode ser "dividida" em duas outras:

Ash = "apressar-se"

Sharét = "prestar serviço"

A Palavra DEVARIM (plural de "DAVAR") significa "PALAVRAS" ou também "COMPORTAMENTO".

Quando então falamos em "Dez Mandamentos" estamos falando mais especificamente de "AS DEZ PALAVRAS DITAS POR DEUS PARA VOCÊ SE APRESSAR EM PRESTAR SERVIÇO A ELE PARA MUDAR SEU COMPORTAMENTO."

Antes de tudo, devemos entender a origem da palavra "sábado". Ela é uma tradução direta do hebraico SHABAT. Não somente as palavras, mas também as LETRAS HEBRAICAS trazem um conceito que as envolve. Por exemplo, a palavra SHABAT é escrita com as letras hebraicas "SHIN – BEIT - TAV".

Só com essas três letras conseguimos trazer um conceito para a palavra "shabat".

SHIN – o nome dessa letra tem raiz na palavra "shay" que significa PRESENTE, DÁDIVA.

BEIT – o nome dessa letra tem como significado LAR, CASA, FAMILIA.

TAV – o nome dessa letra significa MARCA, SINAL

Portanto, podemos encontrar um conceito notável para a palavra SHABAT:

"UM SINAL DE PRESENTE PARA A FAMILIA"

A indicação de um dia específico para o descanso da alma e do corpo foi dada muito antes da Toráh (Lei) ser outorgada no Sinai. A separação (santificação) de um dia como encerramento de um ciclo de 7 dias, foi realizada pelo próprio Deus e está escrito nos primeiros capítulos da Bíblia: "Abençoou Deus o sétimo dia e o santificou, porque nele descansou de toda a obra que realizara na Criação. " Gênesis 2.3

Este é um claro sinal de um mandamento dado para toda a criação, ou seja, vegetação, animais e ser humano.

Posteriormente, quando Deus entrega a Lei para Moisés, dentre essas instruções dita diretamente ao povo hebreu que ouviu a Sua Voz aos pés do Sinai (Dez Palavras), o Criador revela ainda mais e mais mandamentos, estatutos e decretos diretamente e exclusivamente para Moisés, o qual seria o porta-voz ao povo durante a caminhada pelo Deserto (E pela vida neste mundo).

Veja: a separação de um dia específico para o descanso foi dada antes, durante e após a entrega no Sinai. De outro modo, não há qualquer possibilidade de se anular um decreto que foi criado pelo próprio Deus. Por isso o quarto mandamento é anunciado de maneira particular: "LEMBRA-TE".

A Palavra usada no original é "zachôr" que significa "trazer à memória" e vem da raiz hebraica "zach" que significa "puro/perfeito".

O mandamento de se lembrar algo é tão somente porque já era uma ordem Divina anteriormente. Como Deus havia dado como dádiva ao lar do homem e após o pecado o homem se esqueceu disso, Deus volta a dizer ao homem sobre a importância do sétimo dia como SANTO (separado dos outros): LEMBRA-TE.

O Shabat transcende o calendário humano: Ele foi dado por Deus à humanidade de forma especial. É o único dia chamado pelo nome nas Escrituras: SHABAT!

Como dito anteriormente, o Shabat não serve apenas para o homem, mas também para os vegetais e os animais.

"Então disse o SENHOR a Moisés: (...) a própria terra guardará um sábado de descanso, um sábado dedicado ao Senhor. (...) A terra terá um ano de descanso." Levíticos 25.2-5

"...no sétimo dia não trabalhem, para que seu boi é o seu jumento possam descansar..."
Êxodo 23.12

É mandamento guardar o Shabat. Deus não somente disse ao povo reunido ao pé da montanha, como também relatou cuidadosamente a Moisés em particular: "Diga ao povo que guardem meus sábados. Isso será um sinal entre mim e vocês geração após geração, a fim de que saibam que eu sou o SENHOR, que os santifica."
Êxodo 31.12

Ao contrário do que muitos dizem o Shabat não foi dado apenas para judeus. É um mandamento para toda a humanidade que se diz servir ao Deus de Israel.

Em Isaías 56, podemos compreender a promessa para quem guarda o mandamento do sábado como santo:

"E os estrangeiros (não-judeus) que se unirem ao Senhor para servi-lo, para amarem o Nome do Senhor e prestar-lhe culto, todos os que GUARDAREM O SÁBADO DEIXANDO DE PROFANÁ-LO, e que se APEGAREM À MINHA ALIANÇA, esses eu trarei ao meu santo monte e lhes darei alegria em minha casa de oração. Seus holocaustos e demais sacrifícios serão aceitos em meu altar; pois a minha casa será

chamada casa de oração para TODAS AS
NAÇÕES. Isaias 56.6-7

Quem guarda o Shabat recebe alegria, paz e
bênçãos! Fomos projetados para o descanso e
instruídos com o manual chamado Toráh!

O Shabat transcende o entendimento humano.
O povo judeu sabe muito bem a bênção que é receber
o Shabat para guarda-lo.

À propósito, o quarto mandamento começa
com a palavra "LEMBRA-TE", o que significa
que anteriormente o Shabat já existia e era algo
pré-estabelecido por Deus à sua Criação.

Os feitos desse dia devem estar diretamente
ligados com os Céus, pois são as Portas de lá
que se abrem para que as bênçãos cheguem até
nós, necessitados da misericórdia Divina.

Nos meios cristãos, a palavra "sábado" causa
até uma certa repulsa.

Porque uma pessoa se recusaria a obedecer
um mandamento Divino?
Qual o real motivo que faz a maioria dos

cristãos recusarem uma bênção vinda diretamente
do Trono do Criador?
Quem é capaz de rejeitar algo bom?

Quem aboliu o sábado não foi Paulo, nem
Tiago, nem Pedro e muito menos Yeshua. A ideia
de que o mandamento do Shabat foi abolido vem de
séculos e séculos de rebeldia.

Yeshua diz em Mateus 5.17-18: "Não vim abolir a
lei e os profetas, mas vim para cumprí-los. Sim é
verdade! Digo a vocês: até que os céus e a terra
passem, NEM MESMO A MENOR LETRA
OU O MENOR TRAÇO DA LEI PASSARÁ."
(imagine um mandamento!)

Assim também, Yeshua trouxe a verdadeira
essência do Shabat: O HOMEM.

"O SÁBADO FOI FEITO POR CAUSA DO
HOMEM, e não o homem por causa do sábado."
Marcos 2.27

O Shabat é um presente, para o homem se
beneficiar com ele. É o momento crucial para
se humilhar e pensar no nosso semelhante.

O que Yeshua fez no Shabat?
CUROU, EXPULSOU DEMÔNIOS,
ALIMENTOU SEUS DISCÍPULOS.

Isso tinha deixado de ser uma realidade quando a liderança judaica colocava o legalismo acima do verdadeiro mandamento Divino.

Em Atos 15, no Concílio em Jerusalém, foi estipulado o MÍNIMO para que o povo gentio obedecesse à Toráh. Para que isso? Para que começando no mínimo, eles aprendessem com os judeus crentes sobre mais e mais mandamentos e se aperfeiçoassem na sua caminhada com discípulos de Yeshua.

"Portanto julgo que não devemos por dificuldades gentios que estão se convertendo a Deus (PRIMEIRO PASSO). Ao contrário, devemos escrever a eles, dizendo-lhes que se abtenham da comida contaminada pelos idolos, da imoralidade sexual, da carne de animais sufocados e do sangue. Pois, DESDE OS TEMPOS ANTIGOS, MOISÉS É PREGADO EM TODAS AS CIDADES, SENDO LIDO NAS SINAGOGAS TODOS OS SÁBADOS." Atos 15.19-21

Em nenhum momento, Tiago prega que a Toráh não é para os gentios. Pelo contrário, dá ordens para que estes recém convertidos estejam debaixo dos princípios elementares da Toráh (Idolatria, Comer sangue, Imoralidade Sexual e Assassinato) sendo que aos poucos, no tempo de cada um, conforme fossem aprendendo nas sinagogas, ou seja, COM OS JUDEUS ZELOSOS (como Paulo), aos SÁBADOS – e aqui há um princípio muito específico: o estudo da Toráh vinculado com o Dia de Descanso (SHABAT) – e assim, cada gentio se aperfeiciaria obedecendo os preceitos da Toráh.

"Porque o fim (FINALIDADE/OBJETIVO) da Lei é Cristo." Romanos 10.4

Com isso, o legalismos da Toráh é uma pedra de tropeço para os verdadeiros discípulos, inclusive a obrigatoriedade da circuncisão da carne em gentios, visto que esse sinal é específico para o judeu.

Com essa aproximação das nações (gentios crentes) sendo incluídas no Povo Escolhido, a escrita de dívidas foi cancelada (a mesma ideia é refletida em Efesios 2.14-18). O que Yeshua removeu, foi a escrita de divida e não a Toráh. Yeshua na cruz, estava derramando seu sangue e ao mesmo tempo derrubando o obstáculo que separava o judeu do não-judeu e aproximando-os pela circuncisão no coração, formou UM SÓ POVO.

Guardar o Shabat é um privilégio. Só quem experimentou as bênçãos de santifica-lo pode testemunhar o que o Eterno recompensa.

Creio que por conta de muitos séculos de negação e profanação desse mandamento, muitos cristãos se cegaram espiritualmente para não enxergar o que as Escrituras é tão clara em tratar.

Convido ao leitor que com o coração alheio a ensinos que estão longe da verdade, tenha a humildade e honestidade devida para conferir nas Escrituras tudo que aqui foi mencionado. Apenas não leve em consideração ensinos contrários a própria Bíblia. O intuito desse livro é resgatar de cada um de nós, a fagulha divina que ainda existe dentro do coração e que apenas o Espírito de Deus é capaz de reacender.

Lembre-te do Shabat! Não é qualquer dia. É o dia escolhido por Deus para que você seja bênção e ao mesmo tempo seja recompensado. Pois no Mundo Vindouro, estaremos juntos, no Reino de Deus, guardando o GRANDE SHABAT, em Cristo.

E será que desde uma lua nova até à outra, e desde
um SÁBADO até ao outro, virá toda a carne a adorar
perante mim, diz o SENHOR.
Isaías 66.23

Capítulo 3
A IMPORTÂNCIA DA LEI DO ETERNO

A felicidade é um bem que todos buscamos. Em Sua sabedoria e em Seu amor, Deus preparou para o homem leis que promovem esta felicidade. A natureza dá testemunho de um Ser que opera em todas as coisas mantendo o que criou mediante as leis. Como resultado há perfeita harmonia no Universo.

A mão do infinito está em perpétua operação guiando este planeta, é o poder do Eterno em contínuo exercício que mantêm a terra em equilíbrio. É o poder de Deus que sustenta mediante as leis físicas que Ele estabeleceu. Deus criou o homem para que

fosse feliz. Para que se cumprisse esse propósito de Deus, o ser humano deveria viver sempre em harmonia com a vontade do Criador. A felicidade da criatura humana está condicionada à sua obediência à Lei de Deus, mas como o homem falhou em obedecer, resultou em sua queda seguida de sofrimento e morte. Assim entrou o pecado no mundo. O que é pecado? A Escritura diz: "Todo aquele que prática o pecado também transgride a Lei. Porque o pecado é a transgressão da lei."
1 João 3.4

O pecado, ou transgressão da lei de Deus trouxe uma infinidade de más consequências. Está ao alcance de todos as dez regras para a felicidade. Elas se encontram no mais notável código de todos os tempos, a Lei Moral, o fundamento para a felicidade do homem. As Dez Palavras constituem a norma divina para a conduta do homem.

Muitos aprenderam erroneamente que a "Lei" é um livro exclusivo para o judeu. Ouvem a palavra Lei e já torcem o nariz reconstruindo um "muro de inimizade" contra os judeus e contra os não-judeus que se apoiam na Lei para testemunhar sua fé.

Vamos esclarecer para você essa pergunta que assola pessoas sinceras que não compreendem e também aqueles que maliciosamente afrontam os obedientes a Lei.

A Palavra "Toráh" é uma palavra hebraica que tem como significado ENSINO E INSTRUÇÃO. Toda vez que a palavra Toráh é citada nas Escrituras, são traduzidas para o português simplesmente como "Lei".

A palavra hebraica "Toráh" é formada pela raiz da palavra "Tár" que significa "aprofundar, examinar, explorar".

Toráh é todo **ensino e instrução** dada para a humanidade que é capaz de **examinar** o homem de forma **aprofundada**.

Esse conceito perderá nos ajudar a olhar a Toráh de forma mais cuidadosa e honesta, uma vez que ela vai nos apontar por meio de regras e leis, se estamos no caminho certo ou não. É um princípio que percorre por toda Escritura é importante para manter um conduta irrepreensível ou seja, para aperfeiçoar a sua SANTIDADE.

No aspecto canônico a Toráh está em qualquer Bíblia Cristã: é conhecida como: PENTATEUCO.

Deus prova aqueles que realmente o amam ao dar leis para serem obedecidas.

Esses livros juntos formam um **Manual Completo** para você se tornar apto para dar bons frutos, para ser separado, para ter vida longa e receber o prêmio por ser obediente até o fim!

A Toráh é nosso guia, esses livros são nossa regra de fé e prática: leis que obedecemos, praticando-as em nosso dia a dia.

Todo lugar necessita de leis para limitar e organizar um grupo de pessoas para pensarem e andarem em um padrão.

A desobediência é fruto de rebeldia!

Mas afinal, a Lei de Deus é pesada?

"Porque nisto consiste o amor de Deus: em obedecer os seus mandamentos. **E os seus mandamentos não são pesados.**"
1 João 5.3

"Não vim abolir a Lei ou os Profetas; não vim abolir, mas cumprir. Digo-lhes a verdade: enquanto existirem céus em terra, de forma alguma desaparecerá da lei a menor letra ou o menor traço, até que tudo se cumpra." Mateus 5 17-18

A Lei de Deus é imutável e serve para direcionar o homem à uma vida integra e agradável neste mundo. Como recompensa, aquele que perseverar em sua caminhada neste mundo de maneira justa, sujeitando-se aos mandamentos Celestes, será digno de receber uma coroa, ou seja, uma posição elevada na Eternidade.

Deus deixou na incumbência de Moisés, as verdadeiras instruções capazes de conduzir o homem nesse mundo. Inicialmente, foi no deserto que o povo hebreu recebeu essa dádiva, escrita pelo dedo de Deus. Deuteronômio 5.22-32

Paulo explica que a lei é Santa e o mandamento santo, justo e bom. (Rm 7.12)

Essa premissa é importante ressaltar: A Lei de Deus nunca será um peso; EXCETO PARA QUEM DESOBEDECE!

A grande crise de um ser humano é ir contra alguma instrução recebida. Aquele que não concorda com determinada ordem de um "superior" jamais se sentirá "leve" para continuar algum trabalho específico.

Todo aquele que desobedece uma ordem, naturalmente traz "o peso da lei" em seus ombros.

Algumas leis divinas são indiscutíveis no que tange o mínimo respeito ao próximo. Por exemplo, a "lei proibitiva" de não assassinar: uma grande parte das pessoas não sai assassinando outras por aí. Essa lei é simples de entender, porque a essência do ser humano traz esse ensino na ética e moral da sociedade sem distinções. Para quem obedece, é uma liberdade!

Mas e a "lei positiva" Lembra-te do Sábado para santifica-lo? há muita polêmica e desavenças entre diversas culturas a respeito dessa lei . Inclusive, muitos citam essa lei como um "peso para o cristão".
Porque para quem desobedece a Lei será um peso em qualquer época.

O ponto chave é entendermos que a Lei de Deus é útil para ensinar, repreender, corrigir e instruir na justiça todo ser humano, tornando-lhe apto à dar bons frutos.
2 Tm 3.16-17/Mt 7.17-19

Sabemos o homem que se diz temente a Deus e que O ama de todo o coração, de todo entendimento de toda a sua força (Deuteronômio 6.4-9) jamais sentirá "O PESO DA LEI" (Mateus 11.28)

Para exemplo pessoal, leia o Salmo 119 – onde o Rei David explica como é viver pela Lei de Deus!

A lei de Deus não é pesada. O peso da Lei sempre estará nos ombros do desobediente.

Devemos obedecer à Lei da Liberdade!

"Mas o homem que observa atentamente a lei perfeita (Toráh), que traz liberdade, e persevera na prática desta Lei, não esquecendo o que ouviu, mas praticando-o, será feliz naquilo que fizer."
Tiago 1.25

Capítulo 4
O VERDADEIRO CALENDÁRIO DO CRIADOR

Houve uma mudança no Calendário que o Eterno deu aos israelitas, um calendário baseado no surgimento da Lua Nova, no primeiro raio de luminosidade após a lua oculta. A astronomia moderna considera lua oculta como sendo Lua Nova, Mas nos dias de Israel era necessário ver o surgimento dela para declarar Lua Nova e início do mês que era de 29 ou 30 dias, e para ser considerado início do ano a cevada deveria estar madura.

Caso a Lua Nova seja avistada, mas a cevada ainda não esteja madura, nesse caso é decretado mais um mês, ou seja, o calendário bíblico pode ocorrer durante 12 ou 13 meses.

Este mesmo mês vos será o princípio dos meses; este vos será o primeiro dos meses do ano. Êxodo 12.2

Estas são as solenidades do Senhor, santas convocações que convocareis no seu tempo determinado: No mês primeiro aos catorze do mês pela tarde, é a Páscoa do Senhor. Levíticos 23.4-5

Por isso, o mês da primavera é o primeiro mês do ano.

Um mandamento especial requer manter o mês da primavera no momento certo.

GUARDA o mês de Abibe, e celebra A Páscoa ao Senhor teu Deus; porque no mês de Abibe o Senhor teu Deus te tirou do Egito, de noite. Deuteronômio 16.1

A primavera é o primeiro talo verde de trigo ou cevada. Seu crescimento antes do crescimento dos frutos é o sinal do começo da estação da primavera.

Depois da dispersão em 134 DC, quando os judeus foram exilados da Judeia, Eles foram forçados a basear-se em cálculo da lua nova ou na observação local onde eles moravam.

Rabinos do Judaísmo largaram de adorar o verdadeiro Deus; o calendário rabinico foi implementado em 359 DC por Hillel II baseado no ciclo de 19 anos do astrônomo Grego Meton de Atenas.

O calendário rabínico, ainda em uso hoje em dia, tem determinado o início dos meses, mas não alinhado com o *inicio do ano* - a visão dos primeiros raios de luz na lua, chamada de Lua Nova.

O calendário rabinico não existia antes de 359 DC, Existem relatos que os rabinos mantinham em segredo cálculos matemáticos que aprenderam na Babilônia para comparar com o surgimento da Lua Nova visível.

O Calendário da Criação ou Biblico foi dado à Moisés para ser usado, e foi usado pelo Messias e pelos sacerdotes do templo no tempo do Messias.

Alguns estudiosos tem erroneamente colocado o calendário rabínico como sendo o calendário original da criação, tentando mostrar que já existia no tempo do Messias.

O calendário Romano Juliano era solar em suas Estações e não tinham nenhuma relação com a lua. Ele foi utilizado de 44 DC até 4 de outubro de 1582 DC quando foi mudado pelo Papa em Roma, usado até hoje chamado de Calendário Gregoriano em homenagem ao Papa Gregório que mandou fazer os ajustes.

O Calendário Gregoriano é uma reforma do Calendário Juliano, e é o calendário mais usado hoje em dia no mundo. Entretanto, o Calendário Gregoriano é de origem pagã.

Isto é evidente pelos nomes dados aos meses, aos dias e as semanas e seus festivais.

É um calendário baseado no sol e não nos movimentos da lua.

Sendo assim, o Calendário Gregoriano não tem nenhuma relevância escritural de tempo e datas biblicas.

Em resumo, nem o calendário rabinico e nem qualquer outro calendário apoia a *observação dos dias Marcados pelo nosso Criador.*

Somente o Calendário da Criação que foi usado pelo Messias é o calendário verdadeiro de nosso Criador.

O Profeta Daniel na Babilônia teve várias visões que o intrigaram, todavia Nem todas foram reveladas.

Eu, pois, ouvi, mas não entendi; por isso eu disse: Senhor meu, Qual será o fim dessas coisas ? E ele disse: Vai, Daniel, porque estas palavras estão fechadas e seladas até ao tempo do fim. Tu, porém, vai até o fim; porque repousarás, e estarás na tua sorte no Fim dos Dias. Daniel 12.8-9,13

Esta mudança de Calendário estava prevista pelo Profeta Daniel: Cuidará em mudar os tempos (calendário) e a Lei." Daniel 7.25

A Profecia se referia a mudança do calendário feita pelo Rabino Hillel II mais do último Sanedrin (320 DC à 382 DC) no século IV esta mudança iria comprometer para sempre as datas das festas Bíblicas. Segundo Epiphanius de Salamis Hillel foi batizado em seu leito de morte ao Cristianismo, afirmam que José de Tiberíades foi um dos seus discípulos.

Foi justamente baseado nas crenças babilônicas que os fariseus adotaram A falsa lei oral (talmud babilônico e talmud Jerusalém) no século IV mudaram o Calendário Bíblico lunar para o calendário fixo Luni-solar dos babilônicos, abandonando por completo O Calendário Biblico, já nos dias de Yeshua fariseus essênios observavam outro calendário vemos que Yeshua Celebra a Páscoa um dia antes dos fariseus.

Astronomia consegue determinar o período da lua oculta, somente através da visualização é possível detectar o surgimento da lua nova, quando o primeiro aro com cerca de 2,6 % visibilidade é avistado por duas ou mais testemunhas em Jerusalém é decretado o novo mês, em Abib no primeiro mês do ano além do avistamento da lua nova a cevada tem que estar em ponta de colheita (madura/abib) ai é decretado um novo ano que ocorre entre março e abril no calendário gregoriano.

Caso não seja avistado a Lua Nova ou a cevada não esteja Abib, aguarda-se mais um mês e aí é decretado novo ano, no caso mensal, se não fosse visto a lua nova por motivos atmosféricos, considera-se 30 dias após o último avistamento, e decreta-se novo mês.

Existe cerca de 25 versos na Bíblia que fala sobre a festa da Lua Nova que foi abandonado pelo judaísmo rabínico, abaixo segue os textos para que possamos compreender a importância desta festa.

A Bíblia cita três festas que no milênio (Shabat Gadol) toda a humanidade terá que obedecer e entre elas está a lua nova abandonada por parte dos religiosos.

" E será que desde uma lua nova até à outra, e desde um sábado até o outro, virá toda a carne a adorar perante mim, diz o Senhor."
Isaías 66.23

"E acontecerá que, todos os que restarem de todas as nações que vierem contra Jerusalém, subirão de ano em ano para adorar em o Rei, o Senhor dos Exércitos, e celebrarem a festa das Cabanas."
Zacarias 14.16

Esses dois Versículos comprovam a eternidade desses mandamentos, *o Sábado, a Lua Nova e a Festa dos Tabernáculos* que só pode ser marcada com o surgimento da Lua Nova.

"Fala aos filhos de Israel, dizendo: Aos quinze dias desse mês sétimo, será a festa dos tabernáculos ao Senhor, por sete dias."
Levíticos 23 34

Para contarmos os dias é imprescindível que a Lua Nova seja avistada e decretado novo Mês.

Textos bíblicos que confirmam a lua nova durante a história de Israel:

"Tocai a trombeta na lua nova, no tempo marcado para a nossa solenidade. Porque isto é um estatuto para Israel, e uma ordenança do Deus de Jacó."
Salmos 81.3-4

"Ele fez a lua para marcar os tempos determinados (festas biblicas)."
Salmos 104.19

"Disse Davi a Jônatas: Eis que amanhã é a
Lua Nova..."
I Samuel 20.5

"Eis que estou para edificar uma casa ao
nome do Senhor meu Deus... Para lhe
consagrar... Nos sábados, e nas luas novas,
e nas festividades do Senhor nosso Deus;
isto é uma obrigação perpétua para Israel."
II Crônicas 2.4

Nesse verso de Crônicas vemos que esta
ordenança seria Perpétua, ninguém poderia
mudar esse mandamento.

"Semelhantemente, no dia da vossa alegria, e
nas vossas solenidades, e nos princípios dos
vossos meses, também tocareis as
trombetas..."
Números 10.10

"E para cada oferecimento dos holocaustos do Senhor, nos sábados, nas luas novas, e nas solenidades…"
I Crônicas 23.31

"Que dizem: Quando acabará a festividade da Lua Nova…"
Amós 8.5

"E, em tudo que vos tem o dito, guardai-vos… Três vezes no ano me celebrareis festa. Como te tenho ordenado, ao tempo apontado no mês de Abibe, porque nele saíste do Egito."
Êxodo 23.13-15

O Peso do mandamento da Lua Nova é exatamente o mesmo que qualquer outro mandamento divino.

O calendário designado pelo Senhor é o Calendário conhecido como Hebraico, pois o Senhor mesmo define e usa os meses e dias desse calendário para determinar os Seus "Tempos Determinados" (Suas Festas).

A história dos calendários está ligada as profecias dadas por Deus a seu povo. Em toda a história vendo a interferência do calendário para justificarem suas divindades pagas você ficará surpresa que o ano novo era celebrado em datas diferentes.

O mundo tem passado por calendários diferentes. O calendário gregoriano que agora usamos foi o que substituiu o calendário anterior que é o calendário Juliano.

Mas, qual é a história do ano novo?

O deus Janus, ou Jano, tinha duas faces. Uma face olhava para o passado enquanto a outra olhava para o presente. Ele também foi associado ao mês de janeiro. "Jano" (em latim *Janus*) foi um deus romano que deu origem ao nome do mês de janeiro.

Jano tinha Duas Faces, uma olhando para frente outra olhando para trás, e dele derivam os nomes da Montanha Jano e o Rio Jano, pois Ele viveu na montanha. Ele foi o inventor das guirlandas, dos botes, e dos navios, e foi o primeiro a cunhar moedas de bronze; por isso, em várias cidades da Grécia, Itália e Sicília, suas moedas trazem, de um lado, no rosto com Duas Faces, e do outro, um barco, uma guirlanda ou um navio.

Ele se casou com sua irmã Carmese, e teve um filho chamado Aethex e uma filha chamada Olistene. Desejando aumentar o seu poder, ele navegou até a Itália e se instalou em uma montanha próxima de Roma, chamada *janiculum* por causa dele.

Era o porteiro celestial, sendo representado com duas cabeças, representando os términos e os começos o passado e o futuro. De fato, era o responsável por abrir as portas para o ano que se iniciava; como toda e qualquer porta, se volta para dois lados diferentes. Por isso é conhecido como "deus das portas".

"Também era o deus das indecisões, pois na mitologia uma cabeça fala de uma coisa e a outra cabeça fala de outra coisa completamente diferente."

Como vemos o "Festival do Ano Novo" está ligado ao deus Pagão Janus, de onde veio o mês de Janeiro - Januários.

Janos é o Deus Romano que protégé os átrios e os lares. É representado por uma cabeça com dois rostos: olhando para o passado e outra olhando para o futuro, dando a entender (segundo a crença) que tem total conhecimento tanto do passado como do futuro. Em 1° de Janeiro, em sua honra, os romanos trocavam presentes entre si, o que permanece até os dias de hoje, tanto no meio secular como no meio cristão.

Na virada do ano, por exemplo, a tradição diz que as pessoas que se encontrarem na praia à meia-noite devem saltar sete ondas. Um hábito que tem suas raízes nas tradições africanas, importadas para o Brasil pelos escravos séculos atrás.

A contagem dos dias da semana:

O conceito de "pôr-do-sol" se dá na descrição bíblica sobre a Criação e a divisão dos Dias. Temos em Gênesis 1.5: E foi à <u>tarde e a manhã</u>, o dia primeiro. Os dos dias da semana são validados de um entardecer ao outro, "tarde e manhã".

A tarde é o período de "luz quente", manhã é o período de "luz fria", ou seja, o conjunto de 'períodos de luz' (dia). Segundo os primeiros versículos de Gênesis, Deus separou a luz das trevas. Os povos de outras Nações não foram adeptos a esse tipo de contagem de dias (contar períodos de luz) pois, como sabemos, somente Israel foi separado e escolhido para ser um Povo Santo para que por meio deste povo, as demais nações fossem influenciadas pela sua LUZ. Por esta razão, o Shabbat se inicia no pôr do sol da sexta-feira.

Capítulo 5
CELEBRANDO AS FESTAS DO DEUS DE ISRAEL

Todas as nações celebram feriados pátrios. Estes dias especiais são lembranças de acontecimentos importantes na história de um país. Eles são a linha contínua entre o passado e o presente de uma nação.

Provavelmente, qualquer cidadão sabe e até consegue explicar, pelo menos em parte, o significado dessas celebrações. Contudo, paradoxalmente, esse mesmo cidadão raramente ou dificilmente sabe dizer algo sobre os dias em que adora e honra a Deus.

Por conta disso, as pessoas, geralmente, creem que comemorações populares como a Sexta-Feira Santa, o Domingo de Páscoa e o Natal representam corretamente os temas bíblicos.

Contudo, a Palavra de Deus em nenhuma parte ordena essas práticas e não há registro na Bíblia sobre isso ser praticado pela comunidade primitiva na Aliança Renovada.

Na verdade, Deus ordena outras festas, às quais as pessoas, raramente, prestam atenção. Algumas pessoas têm observado que a Bíblia menciona determinados dias para celebrações religiosas. Porém, pouquíssimas pessoas citam os nomes dessas celebrações religiosas bíblicas, e muito menos as pessoas sabem explicar o significado delas.

Geralmente, quem conhece essas festas acredita que somente dizem respeito à antiga Israel e que chegaram ao fim com a crucificação de Yeshua. E supõem que esses dias simplesmente apontavam para o Messias e, como Ele viveu na terra há dois mil anos, eles já não têm mais importância.

A maioria das pessoas considera essas festas como meras relíquias da história que são irrelevantes para o mundo moderno. Mas, por incrível que possa parecer, a própria Bíblia refuta essas ideias populares.

Uma olhada objetiva nos registros bíblicos revela que nem o Natal nem o Domingo de Páscoa—as duas maiores festas do calendário cristão—não se encontram em parte alguma da Bíblia. Para a surpresa de muitos, a Aliança Renovada mostra Yeshua celebrando as FESTAS DO ETERNO, assim como também os Seus discípulos, que continuaram seguindo o Seu exemplo muitas décadas depois de Sua morte e ressurreição.

O que os apóstolos ensinaram durante o primeiro século, depois da ressurreição do Messsias, também difere do que acredita a maioria das pessoas.

As instruções dos apóstolos revelam um Deus que deseja que todos os cristãos guardem os dias das festas bíblicas—por uma razão importante.

O que esses Dias Santos revelam ?

Por que Deus quer que observemos esses Dias Santos? Porque Ele quer que conheçamos o nosso futuro, e, por isso, revela-nos o Seu grande propósito para a humanidade.

Deus explica o motivo de ter nos criado e revela o nosso destino final, dizendo-nos ainda como podemos alcançar! A observância das Festas de Deus é a chave para se entender o grande plano de Deus para o futuro da humanidade.

As festas bíblicas, elas acontecem em três épocas do ano—a colheita no princípio da primavera, a colheita ao fim da primavera e a colheita ao princípio do outono na terra de Israel. Os temas que esses dias retratam refletem o plano de Deus da colheita espiritual da humanidade para a eternidade, a qual se referiu Yeshua (João 4:35-38).

Essas celebrações servem de lembranças eternas de como o plano de Deus proporciona a vida eterna ao homem mortal. O Nosso Criador cumprirá Seu plano, independente das escolhas e ações do homem, que têm levado à consistentemente separação de Deus, ao sofrimento e à morte (Provérbios 14:12; 16:25; Isaías 59:1-8; Jeremias 10:23). Essas festas revelam o desenvolvimento progressivo do plano de Deus para a humanidade e como Ele estabelecerá o Seu Reino na terra. Esta é a boa nova, ou o evangelho anunciado pelo Messias Yeshua (Marcos 1:14-15).

A intenção de Deus de conceder à humanidade a vida eterna tem existido "desde a fundação do mundo" (Mateus 25:34). Os Dias Santos de Deus ensinam à humanidade este notável projeto.

O apóstolo Paulo resumiu isso, de forma brilhante, em sua carta aos efésios:

"descobrindo-nos o mistério da sua vontade, segundo o seu beneplácito, que propusera em si mesmo, de tornar a congregar em Cristo todas as coisas, na dispensação da plenitude dos tempos, tanto as que estão nos céus como as que estão na terra; nele, digo, em quem também fomos feitos herança, havendo sido predestinados conforme o propósito daquele que faz todas as coisas, segundo o conselho da sua vontade".
Efésios 1:9-11

Os Dias Santos nos ajudam a compreender o plano mestre de Deus como realmente podemos nos tornar o Seu povo.

Atentemos para esta descrição de nosso destino: "Eis aqui o tabernáculo de Deus com os homens, pois com eles habitará, e eles serão o seu povo, e o mesmo Deus estará com eles e será o seu Deus". Apocalipse 21:3

Passo a passo, os Dias Santos mostram-nos como este maravilhoso cenário se tornará realidade. No capítulo 23 de Levítico encontramos uma lista das festas de Deus. Depois de mencionar o Shabbat semanal, o texto descreve essas celebrações especiais com nomes incomuns tais como Festa dos Pães Asmos, Festa das Semanas e Festa dos Tabernáculos a palavra "festa" aqui foi traduzida do hebraico chag ou hag, especificando um "festival ou celebração".

Quando Deus revelou essas celebrações a Moisés, Ele disse-lhe: "São estas as festas fixas do Senhor" (versículos 2, 4 e 37). A palavra hebraica traduzida como "festas fixas" [ou solenidades] é moedim, que significa "tempos designados" compromissos que Deus quer que consideremos.

A Bíblia nos diz que, eventualmente, o Eterno ensinará a todos a observarem esses dias: "Todos os que restarem de todas as nações que vieram contra Jerusalém subirão de ano em ano para adorar o Rei, o Senhor dos Exércitos, e para celebrar a Festa dos Tabernáculos." Zacarias 14:16.

**Os Dias Santos de Deus
Têm Alguma Importância
Hoje em Dia?**

Quando Deus começa alguma coisa nesta presente era da humanidade, quase sempre tem um início muito pequeno. Em Mateus 13:31-33, Yeshua comparou o Reino de Deus a duas coisas: ao grão de mostarda e ao fermento. Ambas as analogias começam por algo pequeno que se expande para algo muito grande. Assim Também, nos tempos do Antigo Testamento, Deus chamou relativamente poucas pessoas, as quais aceitaram seguir os Seus caminhos.

O registro bíblico demonstra que, no início da história descrita na Bíblia, somente algumas pessoas decidiram obedecer a Deus. Todavia, nos primórdios da eras, os patriarcas, incluindo Abel, Enoque e Noé responderam à revelação do plano de salvação de Deus (Mateus 23:35). Depois do dilúvio da época de Noé, Deus resolveu trabalhar com Abraão e sua esposa, Sara.

Acerca das pessoas obedientes a Deus dessas épocas Hebreus 11:13 diz que "todos estes morreram na fé", mas acreditando que alcançariam a vida eterna (versículo 40).

Precisamos entender que o plano para nos dar a vida eterna já estava em andamento nas vidas desse povo de Deus da antiguidade. O plano não teve início com uma aliança ou pacto realizado entre Deus e a antiga Israel nem começou com o ministério terreno de Yeshua. Deus amou tanto o mundo "que deu o seu Filho unigênito, para que todo aquele que nEle crê não pereça, mas tenha a vida eterna" (João 3:16). O amor de Deus, demonstrado pela entrega de Seu Filho, proporcionou a continuidade de Seu plano de salvação, que foi determinado desde a fundação do mundo (Mateus 25:34).

O esquema dos Dias Santos revelaria, no momento certo, o plano que Deus tinha feito para a humanidade desde o início.

A observância dessas festas não era simplesmente uma boa ideia que Deus teve depois de dar início a história humana. Deus começou revelando à família de Abraão essa boa nova acerca do Seu plano de salvação (Gálatas 3:8).

Gênesis 26:3-4 identifica determinadas bênçãos que Deus prometeu a Abraão e aos seus descendentes. O Criador prometeu abençoá-los: "Porquanto Abraão obedeceu à Minha voz e guardou o Meu mandado, os Meus preceitos, os Meus estatutos e as Minhas leis" (versículo 5). Talvez esta seja a razão porque a Bíblia chama Abraão de "amigo de Deus" e "pai de todos os que creem" (Tiago 2:23; Romanos 4:11).

Uma nação escolhida

Os descendentes de Abraão tornaram-se uma poderosa nação (Gênesis18:18). Eles foram chamados pelo nome de Jacó, neto de Abraão, cujo nome foi mudado para Israel (Gênesis 32:28). Depois de se estabelecerem no Egito, não demorou muito para que se tornassem escravos (Êxodos 1). A história de como Deus libertou Israel da escravidão, assim como a história de como Ele nos livra do mal hoje em dia, é parte desse intrincado esquema das Festas de Deus. Em seu devido tempo, o Criador desencadeou uma série de eventos que ilustraram aos israelitas como o Seu plano era representado pela observância dos Dias Santos e como os conduziria à libertação da escravidão no Egito. Quando Moisés e Arão se dirigiram a faraó, eles disseram ao governante egípcio que esta era a ordem do Deus de Israel: "Deixa ir o Meu povo, para que Me celebre uma festa no deserto" (Êxodo 5:1).

Antes, Moisés e Aarão tinham se reunido com os anciãos de Israel e explicado o plano de Deus para libertá-los (Êxodo 3:16-18). Então, Moisés e o seu irmão Arão, guiados por Deus, fizeram uma série de milagres diante do povo (Êxodo 4:29-30). Diante disso, os israelitas creram (mas, depois, hesitaram) que Deus os libertaria e cumpriria o Seu acordo com Abraão, como tinha prometido (Êxodo 4:31; 6:4-8).

O que se seguiu foi a primeira Páscoa e a primeira Festa dos Pães Asmos da antiga Israel. Muito tempo depois, a Comunidade Messiânica da Aliança Renovada celebrou estes mesmos dias como lembrança da libertação dos cristãos através de Yeshua. Por exemplo, Paulo disse aos membros da Comunidade em Corinto judeus e gentios que deviam ficar "sem fermento", isto é, sem pecado, porque "Cristo, nossa Páscoa, foi sacrificado por nós" (1 Coríntios 5:7).

No versículo seguinte Paulo diz: "Pelo que façamos festa", referindo-se à mesma Festa que o Eterno tinha instituído para a antiga Israel muitos séculos antes. As festas na Aliança Renovada Desde os primeiros anos de infância, Yeshua celebrou as festas com Seus pais.

Lucas 2:41 diz-nos: "Ora, todos os anos, iam seus pais a Jerusalém, à Festa da Páscoa". Os versículos seguintes descrevem Yeshua, então com a idade de doze anos, debatendo fervorosamente com teólogos de sua época durante essa festa (versículos 42-48). Com Seu entendimento e discernimento, Ele deixou espantados aqueles líderes religiosos. João escreve que Yeshua continuou observando os Dias Santos anuais depois de adulto, durante o Seu ministério (João 2:23; 4:45). Em um de Seus mais instrutivos exemplos , Yeshua arriscou a Sua segurança pessoal para assistir à Festa dos Tabernáculos (João 7:1-2; 7-10, 14).

"No último dia, o grande dia da festa, Jesus pôs-se em pé e clamou, dizendo: Se alguém tem sede, que venha a Mim e beba. Quem crê em Mim, como diz a Escritura, rios de água viva correrão do seu ventre. E isso disse Ele do Espírito, que haviam de receber os que nEle cressem; porque o Espírito Santo ainda não fora dado, por ainda Jesus não ter sido glorificado" (João 7:37-39).

Muitas igrejas creem que o apóstolo Paulo alterou fundamentalmente a maneira que os cristãos devem adorar. Esta ideia defende que Paulo ensinou aos gentios que a observância dos Dias Santos era desnecessária. Entretanto, sendo que parte de seu estilo de escrever era difícil de compreender até mesmo por seus contemporâneos (2 Pedro 3:15-16), as suas declarações e ações claras contradizem qualquer ideia de ele ter anulado ou abolido a prática dos Dias Santos.

Por exemplo, em 1 Coríntios 11:1-2, Paulo disse aos seus seguidores: "Sede meus imitadores, como também eu sou de Cristo" e "retende os preceitos, como vo-los entreguei". Alguns versículos adiante, ele explica : "Porque eu recebi do Senhor o que também vos ensinei: que o Senhor Jesus, na noite em que foi traído, tomou o pão; e, tendo dado graças, o partiu e disse: Tomai, comei; isto é o meu corpo que é partido por vós; fazei isto em memória de Mim" (1 Coríntios 11:23-24).

Se a prática de Paulo não fosse a de observar os Dias Santos, os seus comentários aos judeus e gentios em Corinto seriam injustificáveis. É evidente que Paulo jamais desencorajou alguém a guardar as festas anuais; esta ideia seria impensável para ele (Atos 24:12-14; 25:7-8; 28:17).

Pelo contrário, os registos bíblicos sobre o ministério de Paulo retratam repetidamente os Dias Santos como práticas importantes e marcos em sua vida. Por exemplo, ele disse aos efésios: "É-me de todo preciso celebrar a solenidade que vem em Jerusalém" (Atos 18:21, ACF). Em Atos 20:16 e 1 Coríntios 16:8 vemos Paulo planejando sua viagem para acomodar a Festa de Pentecostes. Lucas, companheiro de viagem de Paulo, em Atos 27:9, refere-se ano àquela ocasião do ano como sendo depois do "Jejum", referindo-se ao Dia da Expiação.

O Comentário Bíblico Expositivo [The Expositor's Bible Commentary], em referência a Atos 20:6, diz que Paulo, impossibilitado de chegar a tempo a Jerusalém para a Páscoa, "permaneceu em Filipos para celebrá-la, e também a Festa dos Pães Asmos, que dura uma semana…" (Richard N. Longenecker, 1981, Vol. 9, p. 507). Ainda sobre Atos 20:16, esse mesmo comentário nota que Paulo "apressava-se, pois, para estar, se lhe fosse possível, em Jerusalém, no dia de Pentecostes…" (p. 510).

O ministério de Paulo incluía a prática dos Dias Santos de Deus junto com a Comunidade. Defendendo o evangelho que pregava, Paulo disse que trazia a mesma mensagem que os outros apóstolos ensinavam: "Então, ou seja eu ou sejam eles, assim pregamos, e assim haveis crido" (1 Coríntios 15:11).

Paulo e todos os outros apóstolos ensinaram, consistentemente, uma mensagem acerca da necessidade de os cristãos seguirem o exemplo do Messias Yeshua em todos os aspectos. O apóstolo João, que escreveu até quase no fim primeiro século, resume esta mensagem: "Aquele que diz que está nEle também deve andar como Ele andou" (1 João 2:6).

Os judeus crentes continuaram guardando os Dias Santos, como também fizeram os cristãos gentios. Diante de todas essas evidências, somente podemos concluir que a prática da Comunidade primitiva era a de observar essas festas de Deus, a Páscoa é a primeira delas.

Como Devemos Observar as Festas de Deus?

Depois de sabermos que os Dias Santos são importantes e vitais para a humanidade e eminentemente aplicáveis ao nosso mundo moderno, naturalmente desejamos conhecer mais sobre como guardá-los.

Onde devemos celebrá-los? Devemos guardá-los em casa ou em algum tipo de culto religioso? Que devemos fazer nestes dias? Deus importa-se se trabalharmos normalmente nesses dias ou devemos reservá-los para outros propósitos? Como a observância desses dias afetará a nossa família e a nossa profissão?

Estas são questões importantes que temos de considerar uma vez que tomemos conhecimento das Festas de Deus.

Examinemos alguns princípios bíblicos que devemos levar em conta ao lidarmos com os assuntos da vida cotidiana quanto a esse conhecimento.

Todos diferentes, mas todos santos

Algumas dessas festas têm maneiras específicas de observância que os diferenciam uns dos outros. Por exemplo, a Páscoa envolve unicamente a participação do pão e do vinho como símbolos da morte do Messias Yeshua.

Os Dias de Pães Asmos são os únicos dias de festa em que Deus nos diz para retirar o fermento de nossas casas. O Dia da Expiação é o único Dia Santo que se observa com um jejum. A correta observação destes dias inclui a aceitação destas distinções e cada uma deles nos ensina lições espirituais.

Contudo, no conjunto, há princípios comuns que são aplicáveis à observação de todos os Dias Santos de Deus. Primeiro, temos que nos lembrar de que para Deus esses dias são santos. Essas "solenidades do Senhor, que convocareis, serão santas convocações" disse o Eterno (Levítico 23:2).

Deus é o único que pode fazer algo santo. O Eterno coloca esses dias em particular em um plano mais alto do que quaisquer outras celebrações imaginadas pelo homem.

Homens e mulheres podem dedicar tempo a Deus para um determinado propósito, mas só Deus pode reservar um tempo como sagrado (Gênesis 2:3; Êxodo 20:8, 11). Quando exercemos o devido respeito e apreço por essas ocasiões anuais especiais, também honramos o próprio Deus ao reconhecermos Sua autoridade sobre nossas vidas. Entender este princípio é importante para adorar a Deus adequadamente.

O nosso Criador deseja que todas as pessoas, voluntariamente e com fé, sigam todas as Suas instruções (Isaías 66:2). Uma atitude cooperativa e humilde contrasta com o estado de espírito daqueles que querem fazer o mínimo possível para sobreviver. O cerne da questão é se realmente cremos e amamos a Deus. O apóstolo João ilustrou a atitude que Deus deseja quando escreveu: "Porque este é o amor de Deus: que guardemos os Seus mandamentos; e os Seus mandamentos não são pesados" (1 João 5:3).

Deus ordena assembleias anuais

Mas como Deus quer que seja nosso procedimento hoje em dia? Consideremos a Sua instrução básica: "Estas são as solenidades do Senhor, as santas convocações, que convocareis no seu tempo determinado…" (Levítico 23:4).

Outras versões da Bíblia, usam a expressão "assembleias sagradas", mas o significado é o mesmo. Essas são convocações anuais em que devemos nos reunir com outros crentes.

Como nos Sábados semanais, Deus ordena cultos especiais de adoração em cada um dos Dias Santos.

Deus revelou aos primeiros cristãos o princípio da reunião nos Sábados e nos Dias Santos com outras pessoas que têm o mesmo propósito: "Guardemos firme a confissão da esperança, sem vacilar, pois quem fez a promessa é fiel. Consideremo-nos também uns aos outros, para nos estimularmos ao amor e às boas obras. Não deixemos de congregar-nos, como é costume de alguns; antes, façamos admoestações e tanto mais quanto vedes que o Dia [da vinda de Cristo] se aproxima" (Hebreus 10:23-25). Que melhor ocasião para encorajar e exortar um ao outro do que a dos dias que retratam o grande plano da salvação de Deus!

Quando nos reunimos nessas festas anuais, nos presenteamos com a maravilhosa oportunidade de aprender mais acerca do plano de salvação de Deus . O oitavo capítulo de Neemias registra um exemplo impressionante do povo de Deus reunindo-se para celebrar a Festa das Trombetas (versículo 2).

Durante o serviço religioso, os líderes "ensinavam ao povo na Lei...E leram o livro, na Lei de Deus, e declarando e explicando o sentido, faziam que, lendo, se entendesse" (Neemias 8:7-8). A Comunidade primitiva continuou guardando essas festas anuais de acordo com estes mesmos princípios, mas com muito mais entendimento espiritual (Atos 2; 1 Coríntios 5:6-8).

Nos tempos de Neemias o povo precisava de encorajamento porque haviam negligenciado as festas de Deus. "E Neemias (que era o tirsata [governador]), e o sacerdote Esdras, o escriba, e os levitas que ensinavam ao povo disseram a todo o povo: Este dia é consagrado ao Senhor, vosso Deus, pelo que não vos lamenteis, nem choreis. Porque todo o povo chorava, ouvindo as palavras da Lei.

Disse-lhes mais: Ide, e comei as gorduras, e bebei as doçuras, e enviai porções aos que não têm nada preparado para si; porque esse dia é consagrado ao nosso Senhor; portanto, não vos entristeçais, porque a alegria do Senhor é a vossa força" (Neemias 8:9-10).

Então, depois de aprender sobre a lei de Deus, "todo o povo se foi a comer, e a beber, e a enviar porções, e a fazer grandes festas, porque entenderam as palavras que lhes fizeram saber" (versículo 12).

Esses dias especiais devem ser aproveitados por toda a família—todos os que participam!

Especialmente na Festa dos Tabernáculos em que há tempo suficiente para atividades e recreações familiares adequadas, assim como a alegria do conhecimento espiritual revelado por Deus.

Obedecendo a Deus e vivendo pela fé

Com o intuito de nos alegrarmos adequadamente nos dias de celebração a Deus, nós não devemos realizar o nosso trabalho habitual (Levítico 23:3, 7-8, 21, 25,

35-36). Veja que a preparação de comida nesses Dias Santos envolve trabalho, mas Deus diz que esse tipo de esforço é permitido e apropriado (Êxodo 12:16). Contudo, no Dia da Expiação temos que renunciar a todo o trabalho regular, incluindo, é claro, a preparação de alimentos (Levítico 23:28, 30-31).

Estas festas são ocasiões especiais em que nós devemos reunir com outros crentes. Tal como acontece com o Sábado semanal, Deus ordena cultos especiais em cada um de Seus Dias Santos.

Também demonstramos nossa obediência e compromisso com Deus providenciando um tempo de descanso do nosso trabalho para que possamos celebrar os Dias Santos. Com planejamento adequado e respeitosa comunicação com nossos patrões, certamente a maioria das pessoas pode organizar os detalhes necessários para tirar esses dias de folga. É nossa responsabilidade informar, com sabedoria e paciência, aos membros da família sobre a nossa decisão de observar as festas de Deus.

Responder à instrução de Deus é uma questão de fé. Como diz Paulo em 2 Coríntios 5:7: "Porque andamos por fé e não por vista". Portanto, é importante para nós começar a guardar os Dias Santos assim que aprendemos acerca deles. Mesmo que inicialmente não compreendamos tudo, aprenderemos muito mais à medida que começamos a observá-los (Salmos 111:10).

Em resumo, os dias de festa anuais são um tempo de alegria, não apenas por conta de seu significado para nós, mas por causa da maravilhosa esperança que trazem para toda a humanidade. Observar os Dias Santos lembra-nos do grande amor de Deus pela humanidade. Adorar a Deus dessa maneira é uma alegria e prazer. Sem dúvida, essas festas são um maravilhoso presente de Deus para o Seu povo!

Colossenses 2:16 Mostra os Cristãos Gentios Observando os Dias Santos

Paulo escreveu: "Portanto, ninguém vos julgue pelo comer, ou pelo beber, ou por causa dos dias de festa, ou da lua nova, ou dos sábados, que são sombras das coisas futuras..." (Colossenses 2:16-17). Muitas vezes, esta passagem é mal interpretada. O que realmente ela diz?

Paulo estava combatendo uma heresia local.

Falsos mestres tinham introduzido na congregação sua própria filosofia religiosa, que era uma mistura de conceitos judaicos e gentios. As suas ideias distorcidas eram fundamentadas na "tradição" humana e nos "rudimentos do mundo", e não na Palavra de

Deus. Paulo avisou aos colossenses, dizendo-lhes: "Tende cuidado para que ninguém vos faça presa sua, por meio de filosofias e vãs subtilezas, segundo a tradição dos homens, segundo os rudimentos do mundo e não segundo Cristo" (versículo 8).

Esses falsos mestres introduziram as suas próprias normas e regulamentos como ideia de conduta adequada (versículos 20-22). O conteúdo da advertência de Paulo à Comunidade colossense indica fortemente que esses hereges foram percursores de uma grande heresia que se transformou em gnosticismo—um sistema de crenças que sustenta esse conhecimento secreto (gnosis é termo grego para "conhecimento", donde se deriva a palavra gnosticismo) para melhorar a religião de uma pessoa. Os gnósticos declaravam-se tão espirituais que desdenhavam virtualmente qualquer coisa física, considerando-a como inferior a eles.

Em Colossos, os falsos mestres rejeitavam tudo que era físico—as coisas perecíveis que podiam ser tocadas, provadas ou manuseadas (versículos 21-22) particularmente, quando se relacionava com a adoração. Essa filosofia encorajava a negligenciar as necessidades físicas do corpo para se alcançar elevada 'espiritualidade'. Na realidade, essa religião autoimposta, em nada ajudava a combater a natureza humana.

Como Paulo escreveu, não foi "de valor algum, senão para a satisfação da carne" (versículo 23).

Os cristãos de Colossos obedeciam a Deus. Eles guardavam o Seu Sábado e Dias Santos, e regozijavam-se neles, seguindo as instruções bíblicas (Deuteronômio 16:10-11, 13-14). Os hereges condenavam a igreja de Colossos pela maneira como os colossenses celebravam os Dias Santos. Veja que eles não contestavam esses dias. Mas era a alegria física deles alegrando-se e participando das festas que provocava a oposição desses falsos mestres.

Observe novamente as palavras de Paulo: "Portanto, ninguém vos julgue pelo comer, ou pelo beber, ou por causa [do grego meros significando 'parte' ou 'relativo a qualquer porção'] dos dias de festa, ou da lua nova, ou dos sábados" (Colossenses 2:16). Paulo estava dizendo aos cristãos para ignorarem os julgamentos e críticas dos hereges sobre o prazer de comer e beber nas festas de Deus.

Em vez de mostrar indiferença pelos dias que Deus estabeleceu como sagrados, os comentários de Paulo nesta passagem confirmam que os cristãos colossenses—a maioria gentios (Colossenses 2:13)—estavam observando o Sábado semanal e os Dias Santos de Deus mais de trinta anos depois da morte e ressurreição do Messias Yeshua.

Se eles não estivessem observando esses dias, os hereges não teriam base para suas objeções quanto à atitude de comer e beber—a porção festiva—no sábado e nos dias santos.

Capítulo 6
TRINDADE VERSUS SHEMAH

O maior Mandamento da Toráh:
"SHEMAH, ISRAEL ADONAI
ELOHÊNU ADONAI ECHÁD"
"Ouve Israel: o Eterno nosso Deus É UM..."

...Amarás pois o Eterno teu Deus de todo o teu coração, e de toda a tua alma, e de todas as tuas forças. E estas palavras, que hoje te ordeno, estarão no teu coração; E as ensinarás a teus filhos e delas falarás assentado em tua casa, e andando pelo caminho, e deitando-te e levantando-te. Também as atarás por sinal na tua mão, e te serão por frontais entre os teus olhos. E as escreverás nos umbrais de tua casa, e nas tuas portas" Devarím (Palavras) Dt 6:4

Quando o mestre da lei perguntou ao Messias Yeshua sobre qual o maior de todos os mandamentos, Ele recitou O Shemah Israel a passagem de Dt 6:4:

"Aproximou-se dele um dos escribas e perguntou-lhe: Qual é o primeiro de todos os mandamentos? Respondeu Yeshua: O primeiro é: Ouve, Israel, o Eterno nosso Deus é UM. Amarás, pois, ao Eterno teu Deus de todo o teu coração, de toda a tua alma, de todo o teu entendimento e de todas as tuas forças. E o segundo é este: Amarás ao teu próximo como a ti mesmo. Não há outro mandamento maior do que esses. Ao que lhe disse o escriba: Muito bem, Rabino; com verdade disseste que ELE É UM, e fora dele não há outro; e que amá-lo de todo o coração, de todo o entendimento e de todas as forças, e amar o próximo como a si mesmo, é mais do que todos os holocaustos e sacrifícios. E Yeshua, vendo que havia respondido sabiamente, disse-lhe: Não estás longe do reino de Deus. (Mc 12:28-34)

O princípio do Shemah é entender que o Eterno é UM. Adonai não se divide em três ele é Echad (único). Não é um deus com "três cabeças" como o é divulgado pelo cristianismo na forma Trinitariana.

A trindade invadiu quase todas as religiões do mundo.

Você deve estar se perguntando como conseguimos manter-se distinto a esta doutrina? A resposta esta na observância do Shemah: Ouve Israel o Eterno é um!

"E estas palavras, que hoje te ordeno, estarão no teu coração; E as ensinaras a teus filhos..."

Este preceito tem passado de pai para filho, de geração em geração. Não importa se o judeu nasça no Brasil, Japão, ou em qualquer outro país. O SHEMAH ESTARÁ SEMPRE EM SEU CORAÇÃO!

"...E delas falaras assentado em tua casa, e andando pelo caminho, e deitando-te e levantando-te..."
"Também as atarás por sinal na tua mão, e te serão por frontais entre os teus olhos"

Aqui o ponto chave do Shemah, atar na mão e na testa. Entenda que, quando o apóstolo Paulo pregava aos bereanos, os mesmos diariamente examinavam nas Escrituras provando as palavras de Paulo. Este gesto fez com que o apóstolo de Yeshua os elogiassem: "Ora, estes eram mais nobres do que os de Tessalônica, porque receberam a palavra com toda avidez, examinando diariamente as ESCRITURAS para ver se estas coisas eram assim" Atos 17:11.

Quais as Escrituras que os bereanos lançavam mãos para certificar se Paulo era de fato mensageiro de Deus? É claro que na época não existia a Brit Chadashá (Aliança Renovada, mal traduzida como Nova Aliança). As Escrituras em questão eram a TANACH, Esta expressão abreviada equivale a toda a 1ª Aliança, chamada erroneamente de "velho testamento". Então podemos concluir que todas as cartas "Neotestamentária", ou qualquer pregação ou filosofias, tudo era peneirado na TANACH (1ª aliança) pelos bereanos. Até mesmo Yeshua para ser o Mashiach (Ungido) prometido deveria falar de acordo com a Toráh e toda a Tanach.

Pois bem, foi isto o que fez. Então seremos como os bereanos e analisemos Apocalipse 13:16 e 14:9:

"E fez que a todos, pequenos e grandes, ricos e pobres, livres e escravos, lhes fosse posto um sinal na mão direita, ou na fronte" Apocalipse 13:16

"E seguiu-os o terceiro anjo, dizendo com grande voz: Se alguém adorar a besta, e a sua imagem, e receber o sinal na sua testa, ou na sua mão, também este beberá do vinho da ira de Deus" Apocalipse 14:19

Tente imaginar como os bereanos poriam em prova estes textos. A primeira coisa que fariam é analisarem a Tanach, para ali encontrarem alguma referencia aos textos expostos. Não seria difícil encontrar esta referência no Shemah (DT6:4-9), uma vez que é o primeiro e grande mandamento da Toráh.

O SINAL DO ETERNO X O SINAL DA BESTA

No Shemah, esta a ordem de Deus, para atarmos em nossas frontes e em nossas mãos, como sinal de que adoramos somente um Deus! E este é o Eterno de Israel e de toda a terra. E Ele é ECHAD; ou seja, É UM! Aqui esta o pilar que sustenta toda a Escritura e a fé de Israel.

"Ouve, Israel: o Eterno nosso Deus é um...
Também as atarás por sinal na tua mão,
e te serão por frontais entre os teus olhos"

A unicidade do Eterno é o primeiro e maior mandamento; e isto deve estar incutido em nossas mentes (testas) e em nossas ações (mãos)!

Enquanto Adonai sela seu povo com o SHEMAH dizendo que Ele, o YHWH é UM. "Por contra partida Ha'Satã (o acusador) também estará a selar os seus com o seu falso ´´SHEMAH`` que é nada mais, nada menos, que a ´´SANTÍSSIMA TRINDADE"! Que vai totalmente contra a mensagem do verdadeiro SHEMAH.

"E fez que a todos, pequenos e grandes, ricos e pobres, livres e escravos, lhes fosse posto um sinal na mão direita, ou na fronte" Apocalipse 13:16

"E seguiu-os o terceiro anjo, dizendo com grande voz: Se alguém adorar a besta, e a sua imagem, e receber o sinal na sua testa, ou na sua mão, também este beberá do vinho da ira de Elohím" Apocalipse 14:9

Você percebeu nestes textos, que o sinal da besta também se dá na testa e na mão?

Primeiro Ha'Satã incute sua trindade nas mentes das pessoas, ou seja, ´´NAS TESTAS``! Depois, faz com que estas ajam por ela. Pois tudo o que pensamos somente se materializa com as obras das mãos.

O grito mais forte da trindade nos nossos dias atuais é o ECUMENISMO! O ecumenismo é hoje a maior preocupação de Bavel ; לב ב Pois não se estabelece uma nova ordem mundial com tantas divergências religiosas. É aí que entra uma política de massa para unir as igrejas, tendo como estandarte principal a "TRINDADE".

Esta doutrina é o antônimo do Shemah; o maior mandamento de Deus, confirmado por Yeshua HaMashiach. Submeter-se a trindade, é outorgar poder a Roma. Mesmo porque, a mesma é fruto de seu ardiloso trabalho.

No concílio de Nicéia, comandado por Constantino, em 326 EC; Ficou decidido que o Jesus Cristo, aquele homem belo, fascinante, de olhos azuis, com roupas avermelhadas e arredondadas, bem no estilo sinédrio romano, fabricado pelo Vaticano para salvar o império que já naquela época, estava se desfraguimentando. Sim! Ficou decidido que este Jesus não era apenas o filho de deus; Mas passou a ser o deus filho. Logo, são dois deuses composto; o DEUS PAI e o DEUS FILHO! O problema é que para satisfazer os politeístas romanos, ter dois deuses ainda era muito, muitíssimo pouco. Então outro concilio fora marcado. Este em Constantinopla, para decidir o futuro do Espírito Santo; se era ou não deus! Não deu outra. A partir daí passou-se a invocar a "santíssima trindade" na forma do DEUS PAI-DEUS FILHO-DEUS ESPÍRITO SANTO. Ouve até uma ordem para adulterar o texto de Mateus 28:19 que estava assim:

"Portanto ide, fazei discípulos de todas as nações, em meu nome"

Veja claramente que na bíblia aramaica Peshita a ordem de Yeshua é fazer discípulos em seu nome! Mas Roma ordenou seus "tradutores" a porem a trindade neste texto:

"Portanto ide, fazei discípulos de todas as nações, batizando-os em nome do Pai, e do Filho, e do Espírito Santo"

Aí está a trindade mitráica de Constantino, o adorador do sol.

É triste saber, que milhares de pessoas, estão sendo enganadas e direcionadas para este movimento chamado ecumenismo, que visa uma só religião sobre o domínio do vaticano.

A globalização é tão somente a torre de Bavel sendo erigida novamente. E todos estes movimentos juntos são a NOVA ERA! Ou NOVA ORDEM MUNDIAL!

O QUE É RUACH?

Ruach, literalmente é vento, fôlego ou sopro! Então é verdade que este termo pode ser empregado aos Melachim (Anjos), ao sopro de vida, unção ou manifestação de Deus.

Também pode se referir ao próprio Eterno. Mas será alguma vês empregada a terceira pessoa da trindade?

POSSO CRER NA TRINDADE, MAS TEREI QUE RASGAR A BÍBLIA!

Cinco perguntas cruciais:

_ Porque quando leio a 1ª aliança não compreendo a existência de um terceiro ser a ser adorado; mas quando leio algumas passagens da 2ª aliança percebo o vulto deste ser?

_ Porque a expressão trindade não se encontra na Bíblia?

_ Porque a trindade não está nos textos claros sobre hierarquia divina?

_ Porque se em Mateus 28:19 Yeshua mandou seus seguidores batizarem na trindade, eles desobedeceram ao Mestre, pois somente batizaram em seu Nome?

_ Se a trindade é um assunto claro, e a descrença na mesma é coisa de seitas e leigos, porque grandes PHDs e pessoas renomadas não crêem?

Estas perguntas são importantes para notarmos claramente um elemento paganizado dentro das Sagradas Escrituras e que se choca com o princípio de tudo, O Shemá! E, se este é o maior dos Mandamentos e confirmado pelo próprio Yeshua, então estamos correndo um grande risco de colocarmos alguém assentado do lado esquerdo do Altíssimo. Até mesmo os demônios dão seu testemunho ao lembrarem-se do Shemah:

"Crês tu que Elohim é UM só? Fazes bem; os demônios também o crêem, e estremecem" Ya'akov haTsadik (Tiago o Justo) 2:19.

Duas coisas estão em jogo: o Shemá, que Elohim é Echad (um), ou a confusão trinitariana que Roma sequer consegue explicar e simplesmente diz: "Mistério":

"E na sua testa estava escrito o nome: MISTÉRIO (expressão papal para explicar a Trindade), a grande Babilônia, a mãe das prostituições e abominações da terra"
Apocalipse 17:5

_ "E na sua testa" (na sua consciência);

_ "estava escrito o nome: MISTÉRIO" (o falso Shemá da trindade (Ele é 3) em lugar do Shemá Echad (Ele é 1);

_ "a grande Babilônia" (a imensa/maior "confusão"- sobrepondo o maior Mandamento);

_ "a mãe das prostituições e abominações da terra" (princípio/genitora das adulterações mentiras e blasfêmia do planeta).

Descodificando tudo: "E na sua "consciência" estava escrito o nome "Trindade/engano", a "maior" "Confusão", "princípio" das "adulterações, mentiras e blasfêmias do planeta"

ENTENDENDO A EXPRESSÃO RUACH HA KODESH

Ruach = Sopro

Ha = artigo indefinido: O, A, Do, Da. (que simplesmente os tradutores engoliram)

Kódesh = Separado.

Pense você que toda a vez em que aparece no "novo testamento" a terminologia "Espírito Santo" como se referindo a outra pessoa que não o Pai. Na verdade a expressão que ocorre é Espírito do Separado; alusão claríssima ao Eterno Criador como nos bons tempos da 1ª Aliança!

_Onde foi parar o artigo indefinido Ha () הda expressão Ruach Ha Kódesh? Os tradutores por razões obvias, preferiram deixar Espírito Santo, engolindo o artigo, simplesmente fingindo que ele não existe. Porém a expressão é Espírito (do) Santo ou Espírito (o) Santo. As duas expressões são cabíveis, pois Espírito do Santo (Sopro do Separado) faz alusão à emanação que vem do Pai, como os sete Espíritos (Sopros/unções/virtudes)" de Isaías 11:2. O mais interessante é que em Isaías 11:2 encontramos exatamente o artigo indefinido HÁ () הna expressão Espírito DO Senhor YHWH:

O TEXTO EM HEBRAICO

"E repousar| sobre Ele (Yeshua) 1º o Espírito do Senhor (YHWH), 2º a Ruach de sabedoria, 3º e de entendimento, 4º a Ruach de conselho, 5º e de fortaleza, 6º a Ruach de conhecimento, 7º e de temor do Eterno"
Yeshayahu (Is. 11:2).

Nota: Este texto se cumpriu no dia do seu Míkve (Imersão).

A segunda expressão cabível ESPÍRITO O SANTO é indicativo apontando diretamente para o Eterno. Todas as vezes que entendemos Ruach haKódesh como ser pessoal, o artigo indefinido deve ser indicativo: Espírito o Separado, o próprio Pai. Quando Ruach haKódesh estiver se referindo as virtudes que Elohim faz emanar, deve ser entendido o artigo como possessivo: Espírito do Separado!

Um exemplo da Ruach haKódesh como unção vinda do Pai temos a seguinte passagem:

"Disse-lhes, então, Yeshua segunda vez:

Shalom Alechem (Paz seja convosco); assim como o Pai me enviou, também eu vos envio a vós. E havendo dito isso, assoprou sobre eles, e disse-lhes: Recebei o Espírito Santo (Ruach haKódesh)"
Yohanam (João) 20:21,22

Nota: Repare que Yeshua diz: "assim como o Pai me enviou", referencia a Ruach ha'Kódesh (sete ruach/sopros/unções/virtudes) derramado sobre ele no seu Míkve (Imersão) assim como o Pai me enviou (unção/ sopro do Eterno), também eu vos envio a vós (unção/ sopro do Eterno). E havendo dito isso, ASSOPROU sobre eles, e disse-lhes: Recebei a Ruach (Sopro) haKódesh (do Separado)"